BEI GRIN MACHT SICH IHR WISSEN BEZAHLT

AF153121

- Wir veröffentlichen Ihre Hausarbeit, Bachelor- und Masterarbeit

- Ihr eigenes eBook und Buch - weltweit in allen wichtigen Shops

- Verdienen Sie an jedem Verkauf

Jetzt bei www.GRIN.com hochladen und kostenlos publizieren

GRIN

Efficient Fuzzing. Wie es bestehende Teststrategien effizient ergänzen kann

Markus Dreher

Bibliografische Information der Deutschen Nationalbibliothek:

Die Deutsche Nationalbibliothek verzeichnet diese Publikation in der Deutschen Nationalbibliografie; detaillierte bibliografische Daten sind im Internet über http://dnb.d-nb.de abrufbar.

ISBN: 9783346444066
Dieses Buch ist auch als E-Book erhältlich.

© GRIN Publishing GmbH
Nymphenburger Straße 86
80636 München

Druck und Bindung: Books on Demand GmbH, Norderstedt Germany
Gedruckt auf säurefreiem Papier aus verantwortungsvollen Quellen

Das vorliegende Werk wurde sorgfältig erarbeitet. Dennoch übernehmen Autoren und Verlag für die Richtigkeit von Angaben, Hinweisen, Links und Ratschlägen sowie eventuelle Druckfehler keine Haftung.

Das Buch bei GRIN: https://www.grin.com/document/1035140

Efficient Fuzzing

Markus Dreher

Studienarbeit — February 27, 2021.
Chair for System Security

Contents

1 Einführung

1.1 Motivation

Um *Fuzzing* als *die* Wunderwaffe im Security Testing existiert mittlerweile ein regelrechter Hype. Als Konsequenz daraus hat sich der Begriff Fuzzing zunehmend auch zu einem inflationär genutzten Buzzwort entwickelt. Allerdings mangelt es vielen Diskussionen an echtem Inhalt. Meist bleibt unklar, was sich dahinter tatsächlich verbirgt, und in welchem Kontext welcher Mehrwert enstehen soll. Viel zu selten wird daher *neues Wissen* generiert. Das liegt unter anderem daran, dass keine allgemeingültige Definition für Fuzzing existiert. Kritiker argumentieren auch, Fuzzing sei lediglich eine Neuvermarktung bewährter Methoden wie Grenzwertanalyse, das Bilden von Äquivalenzklassen, oder Monkey Testing [vgl. 11]. Als Konsequenz daraus ist der Mehrwert von Fuzzing gemeinhin nicht offensichtlich.

Die fortschreitende und exponentiell wachsende Komplexität Safety–kritischer Software Syteme bringen etablierte Testverfahren zunehmend an die Grenzen der Beherrschbarkeit. Trotzdem hat man in der Automotive Industrie unter anderem durch die strengen Entwicklungsvorgaben nach wie vor eine sehr konservative Einstellung zum Testen. Dies hat zur Konsequenz, dass grundlegend neue Strategien und Techniken eher auf Zurückhaltung stossen.

Die Freigabe von finanziellen und personellen Mittel zur Einführung und Etablierung von Fuzzing in der Unternehmenskultur erfordert von den Security–Experten und – Abteilungen in Unternehmen viel Einsatz in Überzeugungsarbeit. Eine *echte Chance* dafür besteht folglich nur dann, wenn *offensichtliche* Fakten als Rechtfertigung präsentiert werden können, das heisst

1. *explizit* ein echter Mehrwert nachgewiesen werden kann und

2. daraus auch ein positiver Kosten–Nutzen–Effekt resultiert.

In Neu–Deutsch also die Generierung eines Alleinstellungsmerkmals (KPI[1]) gegenüber der Konkurrenz mit gleichzeitigem Ratio–Effekt, als Maßnahme zur Reduzierung der Kosten.
Tatsache ist, dass es genügend Beispiele aus der Praxis gibt [vgl. 8] [vgl. 10] [vgl. 12], die bereits beeindruckende Ergebnisse durch den Einsatz von Fuzzing erzielen konnten [vgl. 4]. Allerdings muss hier fairerweise auch erwähnt werden, dass diese

---

[1]Key Performance Indicator

Ergebnisse nicht automatisch allgemeingültig für alle Software Domänen zutreffen. So unterstützen beispielsweise aktuelle kommerzielle Fuzzer lediglich sehr wenige Embedded Targets. Deren Schwerpunkt auf Kommandozeilen–basierten Tools für Windows– beziehungsweise Linux–basierte Systemen [vgl. 15, Tabelle 1.1 auf Seite 7], die sich nach dem Durchlauf selbst terminieren und dem Benutzer keine weitere Möglichkeit der Interaktion bieten.

Deeply Embedded Devices in der Automotive Domäne, also Komponenten ohne einen direkten Link in Netzwerke ausserhalb des Fahrzeugs, bilden eine sehr spezielle Spezies. Diese sind meist relevant im Sinne der Funktionalen Sicherheit[2]. Diese wurden in den letzten Jahren vermehrt Angiffsziel sehr prominenter Fahrzeug–Hacks von Security Forschern[3] und sind erst dadurch in den Fokus der Product Security gerückt. In der Vergangenheit besaßen sie, wenn überhaupt, als Absicherung nur sehr rudimentäre Security Mechanismen. Daher war es Security–Forschern überhaupt erst möglich, der Öffentlichkeit erfolgreiche Hacks auf Basis dieser Security Schwachstellen zu präsentieren. Dies ist ein ewiges Katz–und–Maus Spiel, und basiert auf dem *Prinzip Hoffnung*, dass die Entwickler den Hackern stets einen Schritt voraus sind.

Die rasant fortschreitende Vernetzung und zusätzliche Cloud Services transformieren das *Gesamtsystem Fahrzeug* in ein IoT[4]–System auf Rädern [vgl. 1]. Damit vergrößet sich die Angriffsfläche und folglich auch die Bedrohung für Fahrzeuge durch Remote–Angriffe. Als Antwort auf diese Entwicklungen wurden mittlerweile zusätzliche Vorschriften[5] und neue Standards[6] auf den Weg gebracht. Weitere, zusätzliche Regularien befinden sich weltweit noch in Arbeit.
Um diese zu erfüllen ist ein Wettlauf der Fahrzeughersteller entbrannt, kontinuierlich neue Features zu entwickeln und in die sämtliche Komponenten zu integrieren. Einige davon zielen dabei explizit lediglich auf den Eigenschutz als *Second–Level–of–Defense*, falls einzelne Features doch gebrochen werden sollten. Vereinzelt entsteht daher der Eindruck, dass wider jeglicher rationaler Analyse das Prinzip *Je–mehr–desto–besser* angewendet wird. Man könnte es aber auch so sehen, dass zusätzlichen Massnahmen als Kompensation mangelnder Absicherung eingeführt werden, beziehungsweise aus der Angst und dem Wissen heraus, dass bestehende Absicherungsmaßnahmen mitnichten ausreichend sind.

Letzendlich soll diese Arbeit dazu beitragen ein Verständnis dafür zu generieren, dass Product Security eben *nicht nur* die Entwicklung und Integration technischer

---

[2]Functional Safety nach ISO 26262
[3]Exemplarisch seien hier nur die Hacks von Miller und Valasek eines Jeep Cherokee erwähnt
[4]Internet of Things
[5]UNECE R155
[6]ISO/SAE 21434 beschreibt Fuzz–Tests ale *eine mögliche* Verifikations–Methode

Security Maßnahmen, sondern domänenspezifische Test–Methoden eine *gleichwertig* Daseinsberechtigung erlangen. Das strategische Ziel jeder Produktentwicklung muss es sein, den Bedarf an technischen Maßnahmen möglichst gering zu halten, und dennoch dem ermittelten Stand–der–Technik im Sinne der *Produkthaftung* zu genügen!

1.2 Zielsetzung

Im Rahmen dieser Studienarbeit soll daher erörtert werden, wie Fuzzing bestehende Teststrategien effizient ergänzen kann. Ebenso wird versucht zu analysieren, ob sich durch Fuzzing der *tatsächliche* Aufwand im Testing generell reduzieren lassen könnte. Im Fazit soll es möglich sein Aussagen darüber treffen zu können,

1. wann der Einsatz von Fuzzing in der Teststrategie wirklich sinnvoll ist, und

2. inwieweit der effiziente Einsatz von Fuzzing den zusätzlichen Bedarf an technischen Security Maßnahmen kompensieren könnte.

1.3 Abgrenzung

Die Analyse, beziehungsweise die Erörterung des Nutzens von Fuzzing im Testprozess, wird exemplarisch im Kontext der automotive Domäne nach den Grundsätzen des ASPICE[7] Prozess Reifegradmodells durchgeführt. Daher wird in dieser Ausarbeitung vorausgesetzt, dass die entsprechenden Techniken, vor allem in der Produktabsicherung, gemäß den Ansprüchen von ASPICE ohnehin angewendet werden.

Diese Arbeit enthält keine Details zu ASPICE und den in diesem Kontext etablierten Testverfahren. Diese werden als Grundwissen vorausgesetzt und gegebenfalls nur kurz vorgestellt, sofern sie im Kontext dieser Arbeit relevant sind, jedoch weder näher erläutert noch bewertet.

Ebenso darf hier nicht unerwähnt bleiben, dass Fuzzing nur *eine* mögliche Technik ist, Schwachstellen zu finden. Situativ mögen andere Techniken praktikabler und effizienter sein. Daher ist es von essentieller Bedeutung, diesen Aspekt bei der Definition eines Security Testing Konzeptes mit zu berücksichtigen [vgl. 15, Kapitel 1]. Dies wird im Rahmen dieser Ausarbeitung aber nicht weiter verfolgt.

Fuzzing ist im Gegensatz zu Penetration– oder Pen–Testing eine zyklisch wiederkehrender Test[8] während der Entwicklungsphase und gegebenfalls darüber hinaus. Pen–Tests hingegen sind singuläre Events zu festgelegten Meilensteinen während der Entwicklungsphase.

---

[7]Automotive SPICE ist eine domänenspezifische Variante der ISO/IEC 15504

[8]Allerdings ist die Verbreitung von zyklischem Fuzzing im Automotive Bereich noch nicht sehr weit verbreitet.

1.4 Pre–Master Thesis

Diese Arbeit dient als Grundlage für meine Masterarbeit *The effect of Fuzzing to boost efficiency within a Unit–Test Environment* am Institut Systemsicherheit der RUB. Diese befasst sich mit der Ermittlung einer Datengrundlage als Nachweis für die in dieser Arbeit aufgestellten Thesen zu den Potentialen der Effizienssteigerung durch Fuzzing beim Unit–Test.

2 Fuzzing Grundlagen

2.1 Teststrategien

Beim Fuzzing handelt es sich klassisch um einen Software Test. Durch Testing soll grundsätzlich die **Robustheit, Qualität und Zuverlässigkeit** von Software gesichert und verbessert werden. Durch Fuzzing im Speziellen soll zusätzlich die **Resilienz** der Software gezielt überprüft werden. Dies zielt auf die Robustheit der Software gegen unerwartete, das heisst nicht explizit definierte, Ereignisse und Stimulation ab.

Black–Box (BB)

Für BB Fuzzing liegen keinerlei Informationen zu Interna vor. Die Aktivität während des Testens beschränkt sich auf das Beobachten von Ein- und Ausgabewerten. Daher bedarf es zu deren Durchführung auch keinerlei spezieller Expertise über das DUT[1]. BB Fuzzing zeichnet sich auch dadurch aus, dass es sich sehr leicht replizieren lässt. Damit kann beispielsweise ein repräsentativer Test auf eine standardisierte Schnittstelle oder Port über mehrere Produkten und Implementierungen sehr effizient und im direkten Vergleich[2] durchgeführt werden.

Zielsetzung dieser Teststrategie ist es, dass die Software des DUT entweder abstürzt oder aufhängt, analog einem (D)DoS[3] Angriff. Das Resultat ist das gleiche: das DUT ist nicht mehr in der Lage seine eigentliche Funktionalität auszuführen.

Durch das nicht vorhandene Wissen über Details existiert damit auch implizit kein Anhaltspunkt über die Abdeckung[4] der Testprozedur. Diese ist aber ausschlaggebend für die *Güte* der implementierten Testsequenz. Bevorzugte Anwendungsbereiche dieser Methode sind komplexe DUTs, die auf Eingaben nicht deterministisch reagieren, das heisst für jede Anfrage immer eine unterschiedliche Antwort generieren. [vgl. 2].

Daher kann BB Fuzzing nur an der Oberfläche kratzen, da lediglich offensichtliche Schwachstellen mit etwas Erfahrung und Best–Practice einfach gefunden werden können. Allerdings erfordern tiefer liegende Schwachstellen komplexe Stimuli, wofür zwangsläufig weiteres Wissen essentiell erforderlich ist.

---

[1] Device Under Test
[2] engl. *Benchmark*
[3] (Distributed) Denial of Service
[4] engl. *Coverage*

White–Box (WB)

Beim WB Fuzzing liegen zur Durchführung nicht nur sämtliche Informationen zum DUT vor, es besteht auch Zugriff auf die entsprechenden Entwickler[5]. Damit ist der Zugang zu Expertenwissen und jeglichen Details zum DUT sichergestellt. Aus Testing–Aspekten bietet sich damit die bestmögliche Ausgangslage, um die Pfadabdeckung systematisch zu ergründen.

Das umfangreiche Wissen hat allerdings zur Folge, dass damit die Generierung von Testfällen entsprechend komplex ist, wenn man nicht von vorn herein Approximationen in Betracht ziehen möchte. Der Einsatz statischer Analysetools unterstützt die Beherrschung der Komplexität. Dies ermöglicht in einem ersten Schritt die Aufdeckung nicht erreichbarer Pfade[6], sogenanntem toten Code[7], um diesen bereits vor dem Fuzzing systematisch entfernen zu können.

Es kann mit Sicherheit angenommen werden, dass Softwareprodukte, die im Kontext Security relevant sind, die Größe dessen deutlich überschreiten, was noch manuell überprüfbar wäre. Die Schwierigkeit mit Analysetools ist jedoch nach wie vor, dass deren Ergebnisse immer noch manuell von Experten analysiert werden müssen um False–Positives auszuschließen. Würde dies nicht getan, könnte dies genau ins Gegenteil überschlagen, indem das Produkt durch resultierenden zusätzlichen Code zur vermeintlichen Beseitung gefundener Schwachstellen *verschlimmbessert* würde.

Grey–Box (GB)

GB Fuzzing versucht den Spagat zwischen BB und WB Fuzzing zu schaffen. Es liegen zwar wie beim WB Fuzzing alle Informationen vor, allerdings wird nur ein Teil davon tatsächlich verwendet und bewusst mit Approximationen geabeitet. Der Trade-Off ist dann ein bisschen Genauigkeit gegenüber sehr viel besserer Ausführbarkeit.

Das Prinzip dabei ist, dass jeder Stimulus des DUT ein Feedback generiert, das ausgewertet wird. Dabei wird beobachtet, welche Codepfade in einer Datei durch bestimmte Eingaben genutzt werden um die Fuzzing–Strategie entsprechend dynamisch anzupassen [vgl. 8]. Der Fuzzer versucht also systematisch, sich immer weiter *einzugraben*, um damit neue Branches zu entdecken und damit die Coverage zu erhöhen. GB Fuzzer sind in der Lage, die dafür notwendigen Informationen währen der Testausführung durch den Einsatz spezieller Algorithmen zu ermitteln und durchlaufene Pfade zu erkennen.

Bevorzugte Anwendungsbereiche dieser Methode sind DUTs, die in sich abgeschlossen sind und auf Eingaben deterministisch reagieren, das heisst für jede Anfrage stets

---

[5]Dies ist zwar durch die Academia nicht vorgesehen, in der Praxis jedoch trotzdem üblich.
[6]engl. *Branches*
[7]engl. *DeadCode*

die gleiche Antwort generieren [vgl. 2]. Der bekannteste Vertreter dieser Kategorie ist AFL[8].

Zusammenfassung

Eine Schlussfolgerung, dass eine Teststrategie generell besser als eine andere sei, ist grundsätzlich falsch. Vor allem diejenige, dass WB gegenüber BB Testing effizienter wäre. Vielmehr ist es essentiell, **die einzelnen Teststrategien während der Entwicklung geschickt zu kombinieren um eine möglichst vollständige Pfad–Abdeckung zu erzielen** [vgl. 15, Kapitel 1]. Es ist entscheidend, zu jedem Zeitpunkt der Entwicklung die Expertise und das vorhandene Wissen so zu nutzen um daraus die maximale *Wertschöpfung* zu generieren.

2.2 Definition von Fuzzing

Fuzzing ist ein *Prozess*, der über den Ansatz etablierter Techniken wie der *Grenzwertanalyse* beim Erstellen von Testfällen hinausgeht. Diese beschreibt ganz generell die Prüfung, ob eine Applikation auch gegen Eingaben ausserhalb des erwarteten, spezifizierten Wertebereichs resilient ist. Vielmehr umfasst Fuzzing jegliche Eingabe, die einen undefinierten oder unsicheren Zustand des DUT provozieren kann. Generell ist Fuzzing definiert als

1. *automatisiertes* (Security) Testen [vgl. 15, Kapitel 1] und

2. auf das DUT jeden nur denkbaren Testvektor abzufeuern und dessen Verhalten als Resultat darauf zu beobachten [vgl. 15, Kapitel 1]. Anders formuliert ist es das Stimulieren eines DUT mit nicht erwarteter beziehungsweise spezifizierter Eingabe und die Beobachtung[9] auf auffälliges Verhalten[10][vgl. 15, Kapitel 2].

Eine andere Definition ist von der Aussage ähnlich, wird aber konkreter: Fuzz–Testing oder Fuzzing ist eine BB Software Testing Technik, welche mehr oder weniger darauf basiert, Implementierungsfehler unter Anwendung von *automatisierter* ungültiger Eingangsparameter zu finden [vgl. 3].

Fuzzer sind Tools, die Fuzzing Test–Vektoren[11] generieren und diese auf ein DUT anwenden. Abhängig vom Einsatzgebiet und Scope des Fuzz–Testing (siehe oben: deterministisches vs. nicht–deterministisches Verhalten des DUT), kommen entweder unterschiedliche kommerzielle Produkte oder Projekte von Research–Communities in

---

[8] https://github.com/google/AFL
[9] engl. *Monitoring*
[10] sog. Anomalien
[11] engl. *Fuzz–Data*

Betracht.

Generell gibt es allerdings nur zwei Kategorien von Fuzzern [vgl. 15, Kapitel 2]

1. **Mutation–based Fuzzers**
    Diese Art Fuzzer benötigt Test–Daten, auf deren Basis sie dann Testfälle, *Mutationen*, generieren. Die Qualität der vorliegenden Daten aus der realen Anwendung ist daher entscheidend um Testvektoren mit höher Güte generieren zu können.
    Beispielsweise sollten die realen Daten möglichst viele möglichen Szenarien und Betriebsbereiche abdecken, um auch beim Testen ein möglichst realistischen Szenario generieren zu können und die *Grenzfälle*[12] leichter zu erreichen. Durch diese Art der Tesfallgenerierung kann man mit relativ wenigen Testfällen eine breite Abdeckung und daher auch Effizienz in der Durchführung des Fuzzing erzielen. In der Realität ungenutzte Pfade sollen von den vom Fuzzer generierten Mutationen gefunden werden.

2. **Generation–based Fuzzers**
    Diese Art Fuzzer generiert Testfälle komplett selbsständig[13]. Daher hängt die Güte der Testvektoren bei diesem Ansatz ausschließlich von der Qualität des Fuzzers zur Erzeugung der Testfälle ab. Die Generierung der Testfälle basiert auf Basis der implementierten Logik und Zufall. Damit werden systematisch auch Szenarien simuliert, die auf Basis von Daten der realen Welt überhaupt nicht auftreten. Genau diese sind allerdings für einen Angreifer typischerweise interessant, um ein System in einen undefinierten Zustand zu bringen und dadurch angreifen zu können. Das ist der entscheidende Vorteil dieses Ansatzes, der auch die nicht offensichtlichen, und doch möglichen Szenarien durchspielt.

Übersicht über einige bekannte Fuzzer [vgl. 6, Die besten Fuzzing-Tools im Überblick]

Fuzzing-Testing–Tool	Entwickler	Lizenz	Kategorie
American Fuzz Lop (AFL)	Michael Zalewski	Open Source	Application
Fuzzino	Fraunhofer Institut	Open Source	Protocol
LibFuzzer	LLVM Team	Open Source	Application
Sulley	OpenRCE	Open Source	Protocol
Peach	Peachtech	Kommerziell	Application
Powerfuzzer	Marcin Kozlowski	Open Source	Application

2.3 Fuzzing Strategie

Die beschriebene Definition ist natürlich sehr weit gefasst. Bevor ein Fuzzing–Projekt gestartet wird, muss nicht nur klar sein, was das **Zielsystem**, sondern auch was der **Umfang**[14] des Tests sein soll. Je klarer dies vorab definiert wird, desto

---

[12]engl. *Corner Cases*
[13]engl. *Green–Field Approach*
[14]engl. *Scope*

geringer ist die Gefahr, dass ein Fuzzing–Projekt das erwartete Ziel nicht erreichen kann. Beispiele dafür sind Protokolle (wie oben bei den BB Tests beschrieben), oder Software–Interfaces einzelner Software–Einheiten[15] beziehungsweise einzelne – Funktionen innerhalb von Software–Units. Erst anhand dieser Informationen lässt sich der *tatsächliche* Testbereich identifizieren und daraus gezielt Fuzzing Test–Vektoren ableiten. Während der Tests entdeckte **Anomalien und unerwartetes Verhalten** sollten unbedingt grundsätzlich genauer analysiert und hinterfragt werden. Durch den hohen Automatisierungsgrad bei der Testfallerzeugung muss auf jeden Fall analysiert werden wie groß die *Wahrscheinlichkeit* eingeschätzt wird, die gefundene Schwachstelle verwerten zu können. Das heisst schlussendlich die Wahrscheinlichkeit, dass daraus *tatsächlich* ein Exploit generiert werden könnte. Erst dann ist es sinnvoll sich Gedanken über das *Ausmaß des möglichen Schadens* zu machen. Die Akzeptanz einer gefundenen Schwachstelle erfolgt immer über das Produkt aus Wahrscheinlichkeit x Schadensausmaß.

Dies ist natürlich ein manueller Prozess und erfordert Expertenwissen. Ab einem gewissen Punkt, wenn bereits genügend Datensätze generiert wurden, kann die Auswertung der Ergebnisse teilautomatisiert und nach Übereinstimmungen bisheriger Erkenntnissen aus vorangegangenen Auswertungen gesucht werden. Der Einsatz von Methoden der Künstlicher Intelligenz, KI[16] optimiert die Güte und Effizienz der Automatisierung. Beim Einsatz von *Triage* versucht man gezielt, anomale Systemantworten verschiedener Stimuli auf eine identische Ursache zurückzuführen.

2.4 Effizientes Fuzzing

Effizientes Fuzzing kann durch folgende zwei Aspekte beschrieben werden:

1. Beim Fuzzing handelt es sich um einen generischen Ansatz der Grenzwertanalyse, um **einmal erstellte Testfälle mehrfach durch Automatisierung auf unteschiedlichste DUTs effizient anwenden zu können**. Dies erfordert einen gewissen Grad an Abstraktion. Ein Beispiel dafür wäre, dass ein Fuzzer ohne Personalisierung auf verschiedene Implementierungen von TCP angewandt wird. Damit kann eine echte Vergleichbarkeit hergestellt werden.

2. Die Anwendung des Mutations–Verfahrens in der automatisierten Erstellung von Testvektoren trägt essentiell zur Effizienz im Fuzzing bei. Je mehr Schwachstellen dabei durch einzelne Testvektoren stimuliert werden können, desto höher

---

[15]engl. *Units.* Das heisst der Software Quelltext, die einzelnen Source Dateien
[16]engl. *Artificial Intelligence, AI*

ist der Effizienz–Gewinn. **Dies senkt daher den Aufwand und die Anzahl an Testfällen, die manuell generiert werden müssen.** Beim Einsatz eines Mutation–based Fuzzers entsteht *einmalig* zusätzlicher Aufwand, Messdaten zu erheben und für den Fuzzer entsprechend aufzubereiten. Fuzzing ist daher auch in der Lage, zumindest in Teilen den manuellen Prozess der Testfallerstellung zu substituieren und auch effizient automatisierte Testfälle zur Zielerreichung in der Pfadabdeckung zu generieren.

2.5 Zwischenfazit

Aufgrund der bis hierhin gewonnenen Erkenntnisse ist offensichtlich, dass Fuzzing eine sinnvolle Erweiterung bestehender Test–Szenarien ist. Inwieweit diese sich dadurch in ihrer Komplexität reduzieren lassen würden, muss im Einzelfall analysiert werden. Dies ist im Rahmen dieser Ausarbeitung nicht möglich und wird im folgenden daher nicht weiter betrachtet.

Fuzzing ist ein Prozess, der *individuell* entsprechend gegebener technischer und organisatorischer Randbedingungen *maßgeschneidert* definiert wird. Eine generelle Vorgehensweise und Empfehlungen sind daher nur mit großer Unschärfe möglich. Essentiell ist aber in jedem Fall die Generierung der Testvektoren. Diese sind entscheidend für die Güte und Effizienz des Fuzzing an sich.

3 Fuzzing im Kontext einer Automotive Teststrategie

3.1 Grundlegende Test-Kaskade

Die Grundlage jeglicher Entwicklung im Automotive Bereich ist die Anwendung des V–Modells. Ursprünglich wurde es rein für den Einsatz in der Software Entwicklung konzipiert, hat mittlerweile aber auch Einzug in das System Engineering gefunden.

Das V–Modell zerlegt die Produktentwicklung in folgende Phasen:

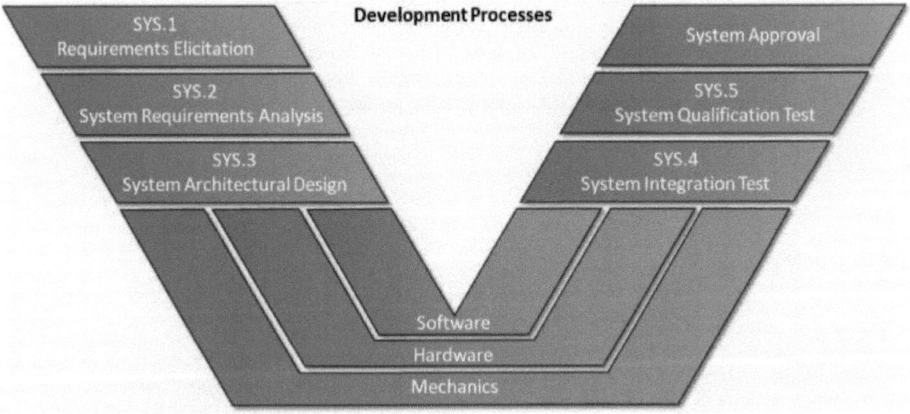

Figure 3.1

1. Anforderungsdefinition

2. Systemanforderungen, *funktionaler* Systementwurf

3. Systemarchitektur, *technischer* Systementwurf

4. Komponentenspezifikation

5. Komponententests

6. Integrationstests

7. Systemtests

8. Validierung, Abnahmetests

Die Phasen 1–4 korrelieren jeweils mit der entsprechenden Validierungsebene 5–8. Das heisst, dass der Test auf der rechten Seite des V gegen die entsprechenden Verifikationskriterien auf der linken Seite des V testet.

Wie bereits in der Einleitung erwähnt bringt die stetig und immer schneller wachsende Komplexität der Software–Sytsteme die etablierten Test–Konzepte an die Grenzen der Beherrschbarkeit. Damit ist konkret gemeint, dass mit verhältnismäßigem Aufwand keine ausreichende Testabdeckung mehr generiert werden kann. In der Praxis zählen daher zu oft nur noch Metriken, also *meßbare Software–Qualität*, und nicht unbedingt die Erreichung eines ausreichend komplexen Stimulus zur funktionalen Testabdeckung. Eine weitere Herausforderung ist die zunehmen fortschreitende Integration zugelieferter Komponenten[1], und die Absicherung der Wechselwirkung der einzelnen Software–Komponenten (SW–SW) zueinander, aber auch im Zusammenspiel den Komponenten der zugrunde liegenden Hardware Architectur (SW–HW).

3.2 Die Rolle von Fuzzing in der Test-Kaskade

Die Anwendung der Aussage aus Kapitel 1 auf die Test–Kaskade bedeutet eine sinnvolle Einsatz von Fuzzing über alle Test–Ebenen. Aufgrund der ohnehin schon angespannten Situation bezüglich der Beherrschbarkeit der Testfallerzeugung wird sich der Einsatz von Fuzzing nur dann durchsetzen, wenn dies die Effizienz der Erstellung von Testfällen und gleichzeitig die Güte und Tiefe der Test zu verbessern.

Unter **Komponenten** sind im Kontext Security meist Software–Komponenten oder –Units gemeint. Diese werden im Entwicklungsprozess kontinuierlich neu erstellt, verändert und weiterentwickelt. Für weitere Komponenten, wie beispielsweise Mikrocontroller, werden typischerweise bekannte und bereits in anderen Applikationen bewährte Derivate benutzt. Daher sind diese sehr statisch und ändern sich im Normalfall während der Entwicklung nicht mehr. Generell ist aus Security Sicht die Auswahl einer Hardware–Komponenten empfehlenswert, die eine weite Verbreitung im Markt hat [vgl. 5]. Durch die vielen unterschiedlichen Applikationen entsteht eine unheimlich große Testtiefe. Damit ist die Wahrscheinlichkeit sehr hoch, dass ursprünglich enthaltene Security Schwachstellen entdeckt und behoben sind. Von der Verwendung von Nischen Derivaten muss daher aus Security Aspekten abgeraten werden! Aktuelle Fuzzing–Ansätze unterstützen (noch) keine expliziten Tests von Hardware–Komponenten. Vor allem für den Fall, dass bewusst ein Nischenprodukt ausgewählt wurde, kann sich aus dem Einsatz von Fuzzing der Software auf dem realen Target

---

[1]sog. *Third–Party* Software

ein Mehrwert generieren lassen. Dies könnte zumindest teilweise die fehlende Testtiefe durch die Anwender–Community kompensieren.

Für die Software Entwicklung im Embedded Bereich gibt es auf Komponenten–Ebene bereits einen etablierten Standard[2] und eine eigene ISO Norm[3] für *Secure C*. Bei dem Standard handelt es sich um festgelegte Regeln zur statischen Code–Überprüfung mit dem Ziel, Security Schwachstellen[4] unmittelbar während der Programmierung automatisiert erkennen zu können. Dazu gibt es am Markt einige komerzielle Tools. Allerdings kann die Konfiguration der Tests individuell angepasst werden. Das heisst im Einzelfall ist für die Effizienz dieser Prüfung relevant, welche Regeln in welcher Schärfe im Einzelfall appliziert sind. Da für Tests auf Komponenten–Ebene sämtliche Informationen verfügbar sind, handelt es sich dabei um WB Tests. Für die Abdeckung der ISO durch MISRA Tests gibt es entprechend auch eine Mapping–Tabelle[5].

Je höher man auf der rechten Seite des V's geht, desto weniger oft werden typischerweise die Testszyklen durchgeführt, da mit steigender Komplexität natürlich auch höhere Kosten einher gehen. Wenn Fuzzing sinnvoll und wertschöpfend eingesetzt werden soll, müssen die entsprechenden Tests allerdings mit einer kritischen Häufigkeit durchgeführt werden. Daher bietet sich nur noch die **Integrationsebene** als ideale Applikation von Fuzzing an. Essentiell wichtig ist ebenfalls der Einsatz von Fuzzing auf der Ebene, wo die Fäden eines Security Konzeptes zusammen laufen. Dies ist in der System–Architektur der Fall. Das Ziel der Integrationstests ist es, die Architektur der Komponenten an sich zu verifizieren und ungewollte Wechselwirkungen mit der Umgebung auzuschließen. In bestehende Integrationstests könnten daher um entsprechenden Fuzzing Elemente erweitert werden. Die weiter oben angesprochene fehlende Verbindung von Fuzzing zur Hardware könnte hier auch elegant geschlossen werden, indem die Integration auf dem echten Target und nicht in einem Emulator erfolgt. Damit ist die Hardware automatisch auch Bestandteil des DUT und Ziel der Fuzzing Test–Vektoren.

Auf Basis der Aussagen im vorherigen Kapitel ist Fuzzing durchaus in der Lage

1. *Effizienssteigerung* bei der Erstellung der Software–Units zu generieren und

2. die *Güte und Tiefe* der Tests im Integrationsprozess zu verbessern, ohne die zwingende Notwendigkeit umfassende Dokumentation zugelieferter Software zu benötigen.

In den Unit–Tests hat der Einsatz von Fuzzing aufgrund der bereits etablierten statischen Testmethoden weniger einen Mehrwert bezüglich Security, aber dafür umso

---

[2]https://www.misra.org.uk/Activities/MISRAC/tabid/160/Default.aspx
[3]https://wiki.sei.cmu.edu/confluence/pages/viewpage.action?pageId=87151954
[4]engl. *Vulnerabilities*
[5]https://www.misra.org.uk/Publications/tabid/57/Default.aspx#label-c3-add2

mehr zur Effizienzsteigerung in der Testfallerstellung. Die Anwendung von Fuzzing für Integrationstests hingegen generiert deutlichen Mehrwert bezüglich Security. Vor allem dann, wenn die Dokumentation zugelieferter Software nicht vollständig vorhanden ist oder Lücken aufweist. In jedem Fall aber ist auch hier eine signifikante Effizienzsteigerung erzielbar. Bei Einsatz eines Generation–Fuzzers müsste die Dokumentation zugelieferter Software nicht einmal bekannt sein, und der eigentliche Zeitaufwand zur Einarbeitung entfällt komplett. Dies eröffnet Möglichkeiten für neue Ansätze beispielsweise im Rapid–Prototyping, da spätestens zur Integration Fehler erkannt würden. Da Fuzzing relativ günstig durchgeführt werden kann, wäre es durchaus auch sinnvoll zu prüfen, ob damit auch andere bisher manuelle Prozesse während der Entwicklung grundlegend überarbeitet werden könnten, beispielsweise die praktizierte Review–Kultur.

Solch eine Ansatz ist in der klassischen automotive Welt *revolutionär*. Durch die erwähnten strikten Prozessvorgaben und praktizierten Verfahren wird dieser nicht nur in den Qualitätsbereichen auf Skepsis stossen, aber natürlich vor allem dort. Diese kann nur durch einen Nachweis aus der Welt geschafft werden, wenn belegbar nachgewiesen werden kann, dass der Einsatz von Fuzzing mindestens ebenso gute Qualität garantiert. Auf den bisher vorliegenden Erkenntnissen ist sogar sehr wahrscheinlich, dass sich durch den Einsatz von Fuzzing die **Qualität sogar verbessern** ließe und gleichzeitig der **Aufwand im Testing reduziert!**

3.3 Relevante Randbedingungen der Automotive Domäne

Die Automotive Domäne im Vergleich zur Enterprise IT bisher noch sehr unflexibel und träge um Sofware Updates über eine Flotte von Fahrzeugen im Feld auszubringen. Dafur müssen sich die Fahrzeuge in einer Werkstatt befinden um dann einzeln über einen Tester manuell aktualisiert zu werden. Bei schwerwiegenden Problemen muss dies der Zulassungsbörde, in Deutschland dem KBA[6], gemeldet werden, welches dann einen Rückruf auf Kosten der Fahrzeughersteller und deren Zulieferer anordnen kann [vgl. 14].

Dies ist schlussendlich auch *der* Grund, warum Risiken durch potentielle Angriffe in der Automotive Domäne eher konservativ bewertet werden. Dies führt zu einem Trend, bekannte Security–Maßnahmen aus der Enterprise IT als *Best–Practice* in die Automotive Domäne zu übernehmen, auch wenn die Umgebungsbedingungen und damit die potentiellen Angriffszenarien und Herausforderungen deren Implementierung grundsätzlich verschieden sind.

Abhilfe schafft hier die *Over–the–Air (OTA)* Technik, wie sie der Allgemeinheit hauptsächlich von Smartphones bekannt ist. Hier werden sowohl Updates, Patches als auch

---

[6] Kraftfahrt Bundesamt

neue Features zentral auf alle Geräte im Feld ausgerollt. Tesla war der erste Automobilhersteller, der dies von vorn herein als grundsätzliches Feature für alle seine Modelle etablierte.

4 Fazit

4.1 Kompensation technischer Security Maßnahmen

Zusätzliche technische Security Maßnahmen sind essentieller Bestandteil des *Layered–Security* oder auch *Defense in Depth* Grundsatzes. Diese sind motiviert zur Reduzierung des Risikos unerwarteter Gefahren [vgl. 13]. Dies sind

1. mangelndes Vertrauen in die Güte der Implementierung der *First Line of Defense* Maßnahmen.

2. die Angst vor noch unbekannten Angriffen aufgrund neuer Techniken und technischen Möglichkeiten. Die Folge daraus wäre die damit *erzwungene Alterung* der implementierten Security Primitiven und Schlüssellängen.

Mittlerweile gibt es allerdings immer mehr sehr gute Fuzzer [vgl. 8, Kapitel *Große Fortschritte bei Fuzzing-Tools*], die in der Lage sind, selbst in etablierten und bewährten und daher vermeintlich *sicheren* Software Modulen noch eine Menge an Schwachstellen zu finden [vgl. 9, Table 1].

Durch den konsequenten Einsatz von Fuzzing könnte daher durchaus auf zusätzliche technische Security Maßnahmen verzichtet werden. Dies würde allerdings den Einsatz von Fuzzing nicht nur während der Entwicklung, sondern auch zwingend im *Security–Monitoring* erforden, um *kontinuierlich* alle Produkte im Feld nach den aktuellsten Erkenntnissen des Fuzzing und neu erkannten Schwachstellen in integrierten Software Komponenten zu überprüfen.

Security Jünger werden hier einen Sakrileg an essentiellen Security Grundsätzen anprangern. Allerdings muss dem entgegengehalten werden, dass durch mangelndes Vertrauen und Angst vor Unbekanntem pauschal immense Aufwände und Mehrkosten in der gesamten Industrie erzeugt werden. Dies ist unerheblich und fällt nicht sonderlich ins Gewicht, wenn es sich um große und ohnehin kostspielige Systeme handelt oder die entstehenden Mehrkosten bei den Kunden erlöst werden können
Wenn diese Grundsätze allerdings auf Kosten–sensitive Produkte angewendet werden sollen, ergibt sich eine ganz andere Situation. Je nach Domäne muss es daher Alternativen geben, um über prophylaktische nicht–technische Maßnahmen die *unerwarteten Gefahren* soweit als möglich auszuschließen. Und genau dazu ist Fuzzing in der Lage!

4.2 Mehrwert

Diese Ausarbeitung bescheinigt Fuzzing folgenden Mehrwert:

1. Eine Reduzierung des effektiven Gesamtaufwands im Testing auf der Ebene *Unit- und Integrations-Test*.

2. Eine Reduzierung von technischen Maßnahmen, die durch effektives Fuzzing entfallen könnten.

Die Applikation von Fuzzing auf jede ausgelieferte Software geht Hand-in-Hand mit der kontinuierlichen Überprüfung auf bekannte Security Schwachstellen[1], die in einschlägigen frei verfügbaren und kommerziellen Datenbanken[2] katalogisiert werden. Damit wären Hersteller Security-sensitiver Produkte dann in der Lage pro-aktiv zu reagieren, und als Maßnahme des *Predictive Maintenance* Updates und Patches als Lieferumfang im Rahmen von *Security Maintenance* anbieten und vermarkten zu können. Wie letzen Kapitel erwähnt ist die Voraussetzung dafür allerdings die flächendeckende Verfügbarkeit von OTA-Updates für alle Fahrzeuge im Feld.
Die EU arbeitet an einer Gesetzesänderung zur *Warenverkaufsrichtlinie* [vgl. 7]. Hersteller Software-intensiver Produkte sollen dazu verpflichtet werden kostenlose Updates ["zum Erhalt der Vertragsmässigkeit der Sache für die übliche Nutzungs- und Verwendungsdauer"] zur Verfügung zu stellen. Die Grundlage dafür schafft widerum die kontinuierliche Überprüfung jeder ausgelieferten Software durch Fuzzing. Damit generiert Fuzzing sogar noch einen Zusatznutzen um zukünftige gesetzliche Anforderung zu erfüllen, das heisst ein zusätzlicher Pluspunkt für die Legal Compliance von Produkten!

Fuzzing ist daher eine **mächtige Methode** um Aufwände während der Produktentwicklung signifikant zu reduzieren. Dies zusammen mit dem entstehenden kommerziellen Zusatznutzen sorgen dafür, dass der Break-Even schnell und zuverlässig erreicht werden kann, und sich die Investitionen für die Erstellung, den Betrieb und die Wartung eines Fuzzing-Setups amortisieren.

---

[1]engl. *Vulnerabilities*
[2]VulnDB

Bibliography

[1] *Das Auto wird zum IoT-Device auf Rädern.* – `https://www.bosch-mobility-solutions.com/de/highlights/vernetzte-mobilit%C3%A4t/iot-device-auf-r%C3%A4dern/`, February 27, 2021

[2] *Coverage guided vs blackbox fuzzing.* – `https://google.github.io/clusterfuzz/reference/coverage-guided-vs-blackbox/`, February 27, 2021

[3] *Fuzzing.* – `https://owasp.org/www-community/Fuzzing`, February 27, 2021

[4] *OSS-Fuzz: Five months later, and rewarding projects.* 2017. – `https://opensource.googleblog.com/2017/05/oss-fuzz-five-months-later-and.html`, February 27, 2021

[5] *2019 Embedded Markets Study.* 2019. – `https://embedded.com/wp-content/uploads/2019/11/EETimes_Embedded_2019_Embedded_Markets_Study.pdf`, February 27, 2021

[6] *Fuzzing: Das steckt hinter der automatisierten Test-Methode.* 2020. – `https://www.ionos.de/digitalguide/websites/web-entwicklung/was-ist-fuzzing/`, February 27, 2021

[7] *Entwürfe zur Umsetzung der Richtlinie über digitale Inhalte und zu den vertraglichen Regelungen der Modernisierungsrichtlinie vorgelegt.* 2021. – `https://www.bmjv.de/SharedDocs/Gesetzgebungsverfahren/DE/Bereitstellung_digitaler_Inhalte.html?nn=6705022`, February 27, 2021

[8] BÖCK, Hanno: *Google will Open-Source-Software mit Fuzzing sicherer machen.* 2016. – `https://www.golem.de/news/oss-fuzz-google-will-open-source-software-mit-fuzzing-sicherer-machen-1612-124842.html`, February 27, 2021

[9] CHEN, Peng ; CHEN, Hao: Angora: Efficient Fuzzing by Principled Search. In: *39th IEEE Symposium on Security and Privacy, May 21-23, 2018, San Francisco, CA, USA* (2018)

[10] DOMOGALLA, Madeleine: *Google gibt Code für Fuzzing-Engine Atheris frei.* 2020. – `https://www.heise.de/news/Google-gibt-Code-fuer-Fuzzing-Engine-Atheris-frei-4982371.html`, February 27, 2021

[11] EXFORSYS: *What is Monkey Testing.* 2011. – http://www.exforsys.com/tutorials/testing-types/monkey-testing.html, February 27, 2021

[12] GODEFROID, Patrice: *A brief introduction to fuzzing and why it's an important tool for developers.* 2020. – https://www.microsoft.com/en-us/research/blog/a-brief-introduction-to-fuzzing-and-why-its-an-important-tool-for-developers, February 27, 2021

[13] HALE, Charles: *Security in Depth.* 2018. – https://www.isaca.org/resources/isaca-journal/issues/2018/volume-3/security-in-depth, February 27, 2021

[14] KRAFTFAHRT-BUNDESAMT: *Rückrufe.* – https://www.kba.de/DE/Marktueberwachung/Rueckrufe/rueckrufe_node.html, February 27, 2021

[15] SUTTON, Michael ; GREENE, Adam ; AMINI, Pedram: *Fuzzing: Brute Force Vulnerability Detection.* 2007